Originalausgabe
© 2011 VGS
verlegt durch EGMONT Verlagsgesellschaften mbH,
Gertrudenstraße 30-36, 50667 Köln

1. Auflage
Redaktion: Gabriele Kalmbach
Produktion: Simone Nauerth
Fotos: Cornelis Gollhardt, Köln, und Stephan Krauth, Köln
Foto S. 89: Michaela Rosenbaum
Umschlaggestaltung: Zero Werbeagentur, München
Layout: Angela May Grafikdesign & Buchgestaltung, Mettmann
Druck: Himmer AG; Augsburg
ISBN 978-3-8025-3739-4

www.vgs.de

Stephan
Krauth

SELBSTGEMACHT:
Kulinarische Mitbringsel

Fotografien von Cornelis Gollhardt und Stephan Krauth

Inhalt

Aromatisches für Kreative

Originelles zum Würzen

Verführerisches zum Naschen

Aromatisches für Kreative

Zum Abendessen eingeladen, zu einer Feier, zum Brunch … Da stellt sich immer wieder die Frage: was kann ich mitbringen? Nur eine kleine herzliche Geste, einen kleinen Luxus, ein kleines Stückchen Lebensfreude. Traditionsgemäß kauft man Blumen, Wein, Pralinen, oder auch eine exquisite Flasche Olivenöl oder Balsamico-Essig für Freunde der guten Küche. Zugegeben: das sind schon solide Eckpfeiler des kleinen Geschenke-Repertoires, über die sich eine Vielzahl von Menschen sicher freuen werden. Was aber tun, wenn es etwas engagierter, inspirierter, individueller, herzlicher werden soll, das kleine Geschenk? Genau an dieser Stelle setzt dieses Kochbuch an.

Am besten eignen sich säuerliche und süßsaure Apfel-Sorten wie Cox Orange, Boskoop, Elstar oder Berlepsch.

Apfelchutney

Für ca. 2 Gläser à 250 ml
Zubereitung: 10 Minuten +
50 Minuten Kochzeit

600 g Äpfel
50 g getrocknete Cranberries
200 g Zwiebeln
150 g Zucker
100 ml Weißwein
1 ungespritzte Orange
1 Zimtstange
1 TL Salz
1 Chili, entkernt und fein
  zerkleinert
½ TL gemahlene Gewürznelke
150 ml Weißweinessig

Äpfel schälen, das Kerngehäuse entfernen, vierteln und in Scheiben schneiden. Zwiebeln schälen, halbieren und in Scheiben bzw. halbe Ringe schneiden. Von der Orange die Schale dünn abreiben, den Saft auspressen und alles mit den Äpfeln vermischen.

Äpfel mit Zucker, Zimtstange und Weißwein zusammen in einen Topf geben, Cranberries hinzufügen und 30 Minuten leise köcheln lassen.

Restliche Gewürze und Essig hinzufügen und ca. 20 Minuten weiter köcheln, bis eine dickliche Konsistenz entstanden ist.

In sterilisierte Gläser abfüllen und mit dem ebenfalls vorher sterilisierten Deckel verschließen. Das Chutney hält sich ungeöffnet etwa 3 Monate.

Mit Hartkäse wie Pecorino ist das Chutney ein Appetit anregender Snack. Es passt auch gut als Beilage zu gebratenem Fleisch, Fleischpasteten und Wild, sowie zu Kartoffelpuffern/Reibekuchen.

Als Variante kann der fruchtige Senf auch mit Aprikosen hergestellt werden.

Feigensenf

Für ca. 5 Gläser à 100 ml
Zubereitung: 10 Minuten +
10 Minuten Kochzeit

500 g frische Feigen
4 cl Portwein
1 cl Sherry
½ Sternanis
1 Grapefruit (Zeste und Saft)
250 g Gelierzucker 2:1
150 g scharfer Senf

Grapefruit heiß abwaschen und abtrocknen. Die äußere Schale dünn abreiben und den Saft auspressen.

Feigen schälen, vierteln, mit dem Portwein, Sherry, Grapefruitsaft, Grapefruitschale und dem Gelierzucker in einen Topf geben und mit dem Pürierstab aufmixen. Dem Fruchtpüree den Sternanis hinzufügen und alles zum Kochen bringen. Unter ständigem Rühren 5-6 Minuten kochen lassen.

Senf unterrühren, noch einmal kurz aufkochen, in sterilisierte Gläser abfüllen und diese sofort verschließen. Ungeöffnet etwa 3 Monate haltbar.

Feigensenf passt hervorragend zu Ziegenkäse und aromareichem Hartkäse wie Gruyère oder altem Gouda. Er dient außerdem vorzüglich als aromatische Ergänzung zu gebeiztem Lachs oder gegrilltem Lammkotelett.

Pur auf geröstetes Weißbrot gestrichen ist die Tapenade eine mediterrane Begleitung zum Aperitif.

Oliventapenade mit geröstetem Sesam

Für ca. 2 Gläser à 100 ml
Zubereitung: 10 Minuten

200 g schwarze Oliven
   (ohne Stein)
2 EL Sesamsamen
2 Anchovis
1 Knoblauchzehe
1 TL Zitronenthymian, gehackt
4 EL Olivenöl
Pfeffer
Salz

Sesamsamen in einer Pfanne trocken goldbraun rösten.

Alle anderen Zutaten im Mixer zu einer Paste mixen und zum Schluss den Sesam unterrühren. In Gläser füllen und mit etwas Öl bedecken. Im Kühlschrank ist die Olivenpaste etwa 3-4 Wochen haltbar.

Mit Tapenade lässt sich auch ein Lamm mit Olivenkruste zubereiten, sie passt außerdem als Gewürz zu Kartoffeln, Pasta, Bohnen, Meeresfisch.

Grüne Tomaten und Essig bringen eine milde Säure mit, Feigen und Zucker sorgen für Süße, was durch die Gewürze noch elegant unterstrichen wird.

Chutney von grünen Tomaten

Für ca. 3 Gläser à 200 ml
Zubereitung: 10 Minuten +
40 Minuten Kochzeit

500 g grüne Tomaten
100 g getrocknete Feigen
200 g Zwiebeln
150 g brauner Zucker
150 ml Weißweinessig
2 EL Sonnenblumenöl
1 EL Anissamen
1 TL schwarzer Sesamsamen
1 TL schwarze Senfkörner
1 TL Kreuzkümmel
1 EL gemahlenes Kurkuma
1 Chili, entkernt und fein
  zerkleinert
½ TL gemahlener Piment
½ TL Salz

Von den Tomaten den Strunk herausschneiden. Zwiebeln schälen. Beides in grobe Würfel schneiden. Feigen in kleine Würfel schneiden.

Einen Topf erhitzen, Anis-, Zwiebel-, Senf-, und Kreuzkümmelsamen kurz darin rösten, dann Tomaten, Zwiebeln, Feigen, Essig und Zucker hinzufügen, alles zum Kochen bringen, Hitze reduzieren und 30 Minuten leicht köcheln lassen.

Nun die restlichen Gewürze hinzufügen und weitere 5-10 Minuten einkochen, bis das Chutney seine dickliche Konsistenz hat. Dabei umrühren und aufpassen, dass nichts ansetzt. Heiß in kurz zuvor sterilisierte Gläser abfüllen und mit ebenfalls kurz zuvor sterilisierten Deckeln verschließen. Das Chutney hält sich ungeöffnet etwa 3 Monate.

Das Chutney ist ein hervorragender Begleiter zu aromareichem Käse, Fleisch-, Geflügel- und Fischgerichten.

Wie eine erfrischende Brise beleben
Minze und Zitrone diese Sommerversion
des Pasta-Klassikers.

Petersilien-Minz-Pesto
mit Haselnüssen

Für ca. 1 Glas à 250 ml
Zubereitung: 10 Minuten

60 g glatte Petersilie
40 g frische Minze
1 Anchovis
Schale einer ungespritzten
   Zitrone
50 g gemahlene Haselnüsse
100 ml kaltgepresstes Olivenöl
1 EL zerriebener schwarzer
   Pfeffer
¼ TL Zimt, gemahlen
1 TL Meersalz

Kräuter waschen, trocken schütteln und vom Stängel
zupfen. Zitrone heiß abwaschen, die äußere Zeste
abreiben.

Alle Zutaten zusammen im Küchenmixer pürieren.
In ein Glas füllen, mit etwas Öl bedecken und
verschließen. Ungeöffnet im Kühlschrank
aufbewahrt etwa 2 Monate haltbar.

Das Pesto passt hervorragend als Dressing zu einem
Salat von fein geschnittenen rohen Champignons, zu
Carpaccio aus rohem oder gekochtem Fleisch sowie
als erfrischender Kick zu gegrilltem Fisch. Schmeckt
auch vorzüglich, wenn man es "einfach so" in eine
Portion Spaghettini mischt.

In der Provence wird die Basilikumpaste
erst bei Tisch in die Gemüsesuppe
gerührt und gibt ihr den letzten Pfiff.

Pistou mit dezentem Zitrus-Aroma

Ergibt ca. 300 ml Pistou
Zubereitung: 10 Minuten

100 g frisches Basilikum
Schale von einer halben
    ungespritzten Zitrone
1 kleine Knoblauchzehe
50 g geriebener Parmesan
50 g gemahlene Mandeln
100 ml Olivenöl
½ TL Salz

Basilikum waschen, trocken schleudern und die
Blätter von den Stängeln zupfen. Zitrone heiß
abwaschen, abtrocknen und mit einer feinen Reibe
die äußere gelbe Zeste abreiben.

Knoblauchzehe mit Salz bestreuen, mit der flachen
Seite eines breiten Messers zerdrücken und zu feinem
Püree zerreiben (oder den Knoblauch durch eine
Knoblauchpresse drücken).

Alle Zutaten zusammen in den Küchenmixer geben,
fein pürieren und luftdicht (also bis zum Rand
füllen) in sterilisierte Gläser abfüllen. An der
Oberfläche sollte sich eine Schicht Öl absetzen.

Pistou dient als Dip zu kurz gebratenem Fleisch,
gedünstetem oder gebratenem Fisch. Man kann
damit, sparsam verwendet, Carpaccio aus rohem
oder gekochtem Fleisch ein herrlich-mediterranes
Parfum verleihen oder – ob pur oder mit Sahne
vermischt –, Pastagerichte aromatisieren.

Die schwarzen Nüsse sind eine regionale Spezialität aus der Pfalz. Dafür werden noch unreife grüne Walnüsse in gewürztem Zuckersirup eingelegt.

Schwarze Nüsse

Für 1 Einmachglas
à 1,5 l Inhalt
Vorbereitung: ca. 14 Tage
Zubereitung: ca. 1 Stunde
Zeit bis zum Verzehr:
mindestens 6 Wochen

800 g junge grüne Walnüsse
500 g Zucker
60 g Glukosesirup
200 ml Weißweinessig
4 Gewürznelken
2 Sternanis
1 Zimtstange zu 7 cm

Die schwarzen Nüsse werden angesetzt, wenn die Walnüsse noch grün, das Kerngehäuse noch weich und die Schale noch nicht hart ist, das heißt etwa frisch vom Baum etwa von Ende Juni bis Mitte Juli.

Die Nüsse rundum mit einer Nadel mehrmals einstechen. Ca. 14 Tage in kaltes Wasser legen. Dabei zweimal täglich das Wasser wechseln. In dieser Zeit werden die Bitterstoffe ausgeschwemmt und die Nüsse bekommen eine dunkle Farbe. Nun die Nüsse in reichlich Wasser 5 Minuten kochen, herausnehmen und abtrocknen.

Zucker mit Glukosesirup und 300 ml Wasser aufkochen. Solange kochen, bis die Zuckerlösung leicht bernsteinfarben wird. Vom Herd nehmen und mit dem Essig ablöschen. Die Nüsse und Gewürze zugeben und nochmals aufkochen. Zugedeckt bei kleiner Hitze ca. 30 Minuten simmern lassen.

Die Nüsse in ein zuvor sterilisiertes Einmachglas geben und mit dem Sirup begießen. Bis zum Verzehr sollten sie ein paar Wochen im Sirup durchziehen. Ungeöffnet sind sie Jahre haltbar.

Halbiert oder in Scheiben geschnitten sind die Nüsse sehr dekorativ und ihr weihnachtlich-würziges Aroma passt ideal zu Wild und Wildgeflügel, zu winterlichen Salaten, zu herzhaften Apfelzubereitungen oder zu dünn geschnittener Räucherware.

Kümmel und Bier geben der Zwiebel-
konfitüre das gewisse bayrische Etwas.

Zwiebelkonfitüre

Für ca. 3 Gläser à 200 ml
Zubereitung: 10 Minuten +
60–90 Minuten Marinier- und
Kochzeit

600 g Zwiebeln, geschält
12 g Salz (= 1 leicht gehäufter
    EL)
500 g Einmachzucker
200 ml Apfelessig
250 ml leichtes helles Bier
    (Kölsch oder Export)
6 Gewürznelken
1 TL Kümmel
1 TL schwarzer Zwiebelsamen
    (Schwarzkümmel)

Eine kleine Zwiebel zur Seite legen und die restlichen
in feine Ringe hobeln. Salz hinzufügen und etwa
1 Stunde ziehen lassen, abspülen und auf Küchen-
papier trocken tupfen. Die ganze Zwiebel mit den
6 Gewürznelken spicken.

Einmachzucker in einen Topf geben, Essig, Bier,
Kümmel, Zwiebelsamen und die mit Nelken ge-
spickte Zwiebel hinzufügen und alles zum Kochen
bringen. 5 Minuten auf kleiner Flamme köcheln
lassen, bis der Zucker sich aufgelöst hat. Nun die
Zwiebelringe hinzufügen, aufkochen, entstehenden
Schaum abnehmen und auf kleiner Flamme leise
köcheln lassen, bis die Zwiebeln karamellig goldbraun eingedickt sind.

Vom Herd nehmen, Nelkenzwiebel entfernen,
Konfitüre in zuvor sterilisierte Gläser (Deckel
ebenfalls sterilisieren) füllen und verschließen.
Kühl und dunkel gelagert rund 1 Jahr haltbar.

Zwiebelmarmelade passt zu Reibekuchen, Schweine-
braten, Spanferkel, Kasseler Rippspeer und Limbur-
ger Käse. Zu Lamm das Bier durch Weißwein und
den Kümmel durch Kreuzkümmel ersetzen.

Hausgemachtes Ketchup aus sonnen-
gereiften Tomaten kann man auch gut
als würzige Basis für Pastasaucen und
Pizzabeläge verwenden.

Tomatenketchup

Für ca. 3 Flaschen à 250 ml
Zubereitung: 10 Minuten +
45 Minuten Kochzeit

2 kg Tomaten (vorzugsweise
   Eier- oder Fleischtomaten)
3oo g Zwiebeln
15 g grobes Meersalz
120 g brauner Rohrzucker
12 weiße Pfefferkörner
20 g mittelscharfer Senf
100 ml Tafelessig
2 Zweige Thymian

Tomaten und die geschälten Zwiebeln grob
zerkleinern und zusammen mit den übrigen
Zutaten in einem Topf 25 Minuten weich kochen.

Die Thymianzweige entfernen, alles kurz mit dem
Stabmixer aufmixen und dann mit der "flotten Lotte"
(Sieb mit Dreheinsatz zum leichten Durchpassieren)
durch ein Sieb drehen oder – etwas mühsamer –, mit
dem Spatel durch ein Sieb streichen.

Zurück in den Topf geben und bei kleiner Hitze auf
die gewünschte ketchupartige Konsistenz einkochen.
Heiß in sterilisierte Gläser oder Flaschen füllen und
sofort verschließen. Kühl und dunkel aufbewahrt ist
das Ketchup ungeöffnet mindestens 3 Monate
haltbar.

Wer scharfes Ketchup bevorzugt, würzt zusätzlich
mit Chili. Zimt, Safran, Kreuzkümmel oder Curry
können dem Ketchup eine anregende individuell-
exotische Geschmacksnote verleihen.

Mit Quell- oder Mineralwasser verdünnt erfrischt Holunderblütensirup durstige Kehlen jeden Alters.

Holunderblütensirup

Für ca. 4 Flaschen à 500 ml
Zubereitung: 35 Minuten +
1 Nacht zum Ziehenlassen

100 g Holunderblüten
   (ca. 25 große Dolden)
80 g Zitronensäure (in der
   Apotheke erhältlich)
2 kg Zucker
Zeste von einer ungespritzten
   Zitrone
Saft und abgeriebene Zeste
   von einer ungespritzten
   Grapefruit

Von den Dolden die dickeren unteren Stängel entfernen. Etwa 2 l Wasser zum Kochen bringen. Die Blüten zusammen mit den abgeriebenen Zesten der Zitrusfrüchte in eine Schüssel geben, mit dem kochenden Wasser übergießen und zugedeckt über Nacht ziehen lassen.

Am nächsten Tag das aromatisierte Wasser durch ein Passiertuch gießen und mit Zucker, Zitronensäure und ausgepresstem Saft der Zitrusfrüchte zum Kochen bringen. 5 Minuten leise köcheln lassen. Durch einen sterilisierten Trichter in sterilisierte Flaschen abfüllen. Diese gleich dicht verschließen und auf den Kopf gestellt auskühlen lassen.

Ein kleiner Schuss Sirup verwandelt Weißwein, Sekt, Prosecco und Champagner in einen duftig-sommerlichen Aperitif. Aber auch zum Aromatisieren von allerlei Nachspeisen öffnet sich dem Holunderblütenaroma ein weites Feld kreativer Möglichkeiten.

Prickelnd und erfrischend: Rhabarber-
schorle aus Sirup und Mineralwasser.

Rhabarbersirup

Für ca. 3 Flaschen à 250 ml
Zubereitung: 15 Minuten +
Kochzeit 15 Minuten

500 g frischer Rhabarber
450 g Zucker
50 g Vanillezucker

Den Rhabarber waschen und in etwa 2 cm große
Stücke schneiden, in einen Topf geben und mit
300 ml Wasser begießen. Alles zum Kochen bringen
und bei mittlerer Flamme für etwa 10 Minuten
köcheln lassen, bis der Rhabarber sich ganz leicht
pürieren lässt.

Alles durch ein sehr feines Sieb abgießen. Dabei mit
dem Löffelrücken die Rhabarberstücke gut
ausdrücken. Den Saft in den Topf zurückgeben, den
Zucker und Vanillezucker hinzufügen, zum Kochen
bringen, Hitze reduzieren und weitere 5 Minuten
simmern lassen.

Den Sirup noch möglichst heiß in sterilisierte
Flaschen füllen. Diese fest verschließen und zum
Auskühlen auf den Kopf stellen. Ungeöffnet
mindestens ein Jahr haltbar.

Mit Sprudel verdünnt wird der Sirup zur Rhabarber-
schorle, mit Sekt oder Prosecco erhält man einen
Rhabarber-Kir. Der Sirup passt aber auch
ausgezeichnet zu Grießbrei oder zu Dampfnudeln
mit Vanillesauce.

Von geradezu samtiger Konsistenz ist der mit Orangensaft verfeinerte, herb-säuerliche Brotaufstrich.

Hagebuttenmarmelade

Für ca. 3 Gläser à 200 ml
Zubereitung: 35 Minuten +
30 Minuten Kochzeit

1 kg Hagebutten
½ l Orangensaft
½ Sternanis
3 Gewürznelken
ca. 650 g Gelierzucker 2:1

Mit einer Schere von den Hagebutten den Stiel- und Blütenansatz abschneiden. Die Früchte mit 500 ml Wasser in einem Topf zum Kochen bringen. Zugedeckt bei kleiner Hitze in 20 Minuten weich dünsten.

Früchte zusammen mit der Flüssigkeit zu einem Brei zerstampfen und durch die „flotte Lotte" drehen, sodass Kerne und Außenhaut im Sieb zurückbleiben. Das durchs Sieb gedrückte Hagebuttenmark (ergibt ca. 800 g) mit dem Orangensaft verrühren und abwiegen. Das müsste etwa 1,3 kg Gewicht ergeben.

Sternanis und Gewürznelken im Mörser fein zerreiben und mit dem Hagebuttenpüree vermischen. Gelierzucker (halb soviel wie das Gewicht des Pürees), mit dem Püree verrühren und unter Rühren zum Kochen bringen, kochend 3 Minuten weiterrühren und in zuvor sterilisierte Einmachgläser abfüllen. Gläser verschließen und für mindestens 5 Minuten auf den Kopf stellen.

Abseits des Frühstücksbrötchens eignet sich Hagebuttenmarmelade auch zum Abschmecken von Wildsaucen, Rotkohl und herbstlichen Salatdressings sowie zum Aromatisieren von Mousses, Joghurt und Quark.

Das Geheimnis köstlicher Suppen ist eine gute Brühe.

Hausgemachte
Blitz-Gemüsebouillon

Für ca. 3 Gläser à 100 ml
Zubereitung: 15 Minuten +
4-5 Std. Trockenzeit im
Backofen

250 g Karotten
250 g Knollensellerie
200 g Lauch
200 g Fenchel
100 g Petersilienwurzel
100 g Zwiebeln
2 große Knoblauchzehen
50 g getrocknete Tomaten
50 g grobes Meersalz

Gemüse schälen und grob zerkleinern. Dann zusammen mit dem Salz und den getrockneten Tomaten im Mixer fein zerkleinern.

Die Paste auf ein leicht geöltes Backpapier streichen, dieses auf einen Backofenrost legen und 4-5 Stunden bei 100 °C im leicht geöffneten Backofen (Holzlöffel einklemmen) trocknen lassen.

Anschließend nochmals im Mixer zerkleinern und in ein Schraubglas füllen. Die Instant-Suppengewürz ist im Kühlschrank mindestens 6 Monate haltbar, aus geschmacklichen Gründen empfiehlt sich jedoch der Verbrauch innerhalb dreier Monate.

Für die Bouillon einfach etwas Suppengewürz mit heißem Wasser aufgießen. Auf diese Weise ist auch schnell eine aromareiche Basis für Suppen und Saucen hergestellt.

Originelles zum Würzen

Wie steht es um Ihre kulinarische Neugierde? Sind Sie bereit, auf sinnliche Entdeckungsreise zu gehen? Dann möchte ich Sie dazu ermutigen, auch die folgenden Rezepturen nur als Anregungen zu verstehen, deren vorgegebene Pfade einmal zu verlassen und mit spielerischer Freude Ihren eigenen Weg durch das wilde Reich der Aromen zu bahnen und eigene originelle Würz-Kombinationen auszuspüren. Das schärft die Sinne und macht dazu noch viel Spaß! Phantasievoll verpackt mit beigelegtem, schmuckvoll inszeniertem Rezept, wird so aus ihrem kleinen Mitbringsel ein selbst kreiertes Original.

Harissa

Schärfe im Glas: je nach Vorliebe und individuell zuträglicher Dosierung ist Harissa eine delikate und effiziente Möglichkeit zum Nachwürzen.

Für 2 Gläser à 100 ml
Zubereitung: 25 Minuten

100 g frische rote Chilischoten
5 geschälte Knoblauchzehen
40 g grobkörniges Meersalz
4 EL Koriandersamen
2 EL Kreuzkümmelsamen
Optional 1 TL gehackte
  Salzzitrone (s. S. 56)
200 ml pürierte Tomaten

Von den Chilischoten den Stielansatz entfernen und die Schoten grob zerkleinern.

Koriander und Kreuzkümmelsamen in der Pfanne trocken leicht anrösten und im Mörser zerreiben. Knoblauch, Chili und Salz hinzufügen und weiter reiben, bis eine Art Paste entstanden ist.

In einer kleinen Kasserolle mit den pürierten Tomaten mischen und alles unter gelegentlichem Rühren dicklich einkochen. In zuvor sterilisierte Gläser füllen. Gläser sofort verschließen.

Menschen, die nicht an Schärfe gewohnt sind, sollten mit dieser höllisch-scharfen Gewürzmischung vorsichtig umgehen. Das Harissa-Aroma entfaltet sich unverfälscht auf einer dick mit Frischkäse bestrichenen Scheibe Knäckebrot.

Besonders leicht gelingt aromatisierter Essig – in schönen Flaschen ein dekoratives Geschenk.

Essig aus Gartenkräutern

Für 1 Flasche à 250 ml
Zubereitung: 10 Minuten und
Zeit zum Ziehen

250 ml Weissweinessig
20 g Gartenkräuter, wie
   Zitronenmelisse, Estragon,
   Kerbel, Pimpinelle, Liebstöckel

Kräuter kurz waschen und trocken schütteln. In ein Gefäß geben und mit einem hellen, milden Weißwein- oder Balsamico-Essig auffüllen und mindestens 1 Tag durchziehen lassen. Dann die Kräuter wieder entfernen.

Der Kräuteressig eignet sich für Salat-Dressings jeglicher Art, zum Aromatisieren von Quark-Dips, zum Abschmecken von Geflügelsaucen, Marinaden für kalte Braten von Kalb, Schwein und Kaninchen.

Der milde Essig verleiht Salatvinaigrette einen angenehm fruchtigen Akzent.

Himbeeressig

Für 2 Flaschen à 250 ml
Zubereitung: 10 Minuten +
3–4 Tage Zeit zum Ziehen

400 g reife, saubere aromatische
   Himbeeren
500 ml weißer Balsamico-Essig

Die Himbeeren mit dem Essig zusammen in ein Gefäß füllen. 3-4 Tage ziehen lassen. Ab und an einige Male durchschwenken, damit sich der Saft der Himbeeren besser in den Essig löst.

Wer einen klaren Essig möchte, kann ihn durch ein mit Mull ausgelegtes Sieb abseihen. Der Essig ist etwa 3 Monate haltbar.

Die abgesiebten Himbeeren kann man zum Verfeinern von Saucen weiter verwenden. Besonders gut passt ihr Aroma zu Ente, Gans, Kalbs- und Geflügelleber oder Rotkohl.

Etikettieren nicht vergessen, damit es zu keinen ungewollten Überraschungen kommt!

Provenzalisches Knoblauchöl

2 Flaschen à 250 ml
Zubereitung: 10 Minuten +
4-5 Tage Zeit zum Ziehen

300 ml Rapsöl
200 ml kalt gepresstes Olivenöl
5 dicke geschälte
   Knoblauchzehen
1 Zweig Rosmarin
1 Zweig Zitronenthymian
Schale einer halben
   ungespritzten Zitrone
10 schwarze Pfefferkörner

Zitrone heiß abwaschen, abtrocknen und mit dem Sparschäler eine dünne Schleife der Zeste abschälen. Rosmarin und Thymian waschen und gut abtrocknen. Alles zusammen mit dem Knoblauch und den Pfefferkörnern in ein steriles und trockenes Weckglas geben.

Rapsöl auf 40 °C (etwas wärmer als Körpertempera-tur) erhitzen und über Kräuter und Gewürze gießen. Weckglas verschließen und 4-5 Tage reifen lassen.

Dann das Öl durch ein Sieb abseihen, mit dem Olivenöl vermischen und in eine trockene saubere Flasche füllen.

Das Knoblauchöl ist schnelles Würzmittel für Salate und alle mediterranen Gemüse, passt außerdem sehr gut zu gegrilltem Fisch und Lammfleisch.

Scharf oder nicht scharf... und wenn,
dann wie scharf? Das können Sie ihre
Gäste selbst entscheiden lassen.

Chiliöl

Für 2 Fläschchen à 100 ml
Zubereitung: 10 Minuten +
Zeit zum Ziehen

100 ml Rapsöl (kein kalt
  gepresstes)
100 ml Olivenöl
8 frische oder getrocknete
  rote Chilis

Chilis in eine leere, sterilisierte und komplett
trockene Flasche mit breitem Hals geben, damit Sie
die Chilis später auch wieder gut heraus bekommen.
Von frischen Chilis vorher den Stiel mit Ansatz
entfernen und seitlich der Länge nach einritzen.

Rapsöl auf 40 °C erhitzen und mit Hilfe eines
Trichters über die Chilis in die Flasche gießen. Wenn
das Öl wieder abgekühlt ist, das Olivenöl hinzufügen.
Flasche verschließen und 14 Tage ziehen lassen.

Dann die Chilis entfernen und das Öl durch ein
feines Sieb in eine andere Flasche umfüllen.

Mit diesem Öl lässt sich individuell und wohldosiert
auch noch bei Tisch nachschärfen – egal ob Pizza,
Pasta, Suppe, Grillsteak oder Salat.

Eine geniale Zutat auf der Basis von Fruchtpüree.

Holunderbeerkondiment

Für ca. 3 Flaschen à 200 ml
Zubereitung: 15 Minuten +
30 Minuten Kochzeit

1 kg Holunderbeeren, abgestielt
500 ml Apfelessig
250 g Rohrzucker
8 Gewürznelken
6 Pimentkörner
1 Sternanis
15 schwarze Pfefferkörner

Holunderbeeren waschen, abtropfen lassen und mit Hilfe einer Gabel von den Zweigen streifen.

Mit Apfelessig und Zucker in einem Topf aufsetzen und erhitzen, bis es zu köcheln beginnt. 5 Minuten auf kleiner Flamme köcheln lassen, danach mit der "flotten Lotte" durch ein Sieb drehen.

Die Flüssigkeit zusammen mit den Gewürzen nochmals in einem Topf zum Köcheln bringen und weitere 25 Minuten reduzieren.

Durch ein Sieb passieren, in sterilisierte Flaschen abfüllen und luftdicht verschließen. Etwa 6 Monate haltbar.

Die Holunder-Würzsauce eignet sich erstklassig zum Abschmecken von Saucen zu Wild- und Schweinefleisch, Rotkohl, Gans oder Ente oder auch als Zutat im Salat-Dressing.

Fruchtig oder würzig aromatisierte Zuckermischungen sind köstliche Geschenke. Probieren Sie auch mal Orangenzucker, Zitronenzucker oder Ingwerzucker.

Mandarinenzucker mit Lavendel

1 Glas à 250 ml
Zubereitung: 15 Minuten

250 g Zucker
3 TL getrocknete Lavendelblüten
Schale zweier unbehandelter
   Mandarinen

Zucker mit 50 ml Wasser zum Kochen bringen. Die Lavendelblüten und die dünn abgeschälte Mandarinenschale hinzufügen und alles 8 Minuten kochen.

Die Masse dünn auf leicht geöltes Backpapier gießen und erkalten lassen.

Den erkalteten Sirup im Mörser fein zerreiben. Man kann ihn auch in Stücke brechen und als Dekoration benutzen.

Die Zuckermischung parfümiert auf raffinierte Weise Joghurt- und Quarkspeisen – ob pur oder mit Erdbeeren, Himbeeren oder Heidelbeeren vermischt. Sie passt aber auch gut zu Birnen- und Pfirsich-Desserts.

Die guten Sachen kann man ruhig ein Weilchen unter Verschluss halten: Vanillezucker und Vanillerum werden, je länger sie ziehen, desto intensiver im Aroma.

Vanillezucker

Für 2 Gläser à 250 ml
Zubereitung: 10 Minuten

2 Vanilleschoten
500 g Rohrzucker

Vanilleschoten aufschlitzen und das Mark herauskratzen. Den Zucker mit dem Vanillemark verkneten und zusammen mit den ausgekratzten Schoten in ein Behältnis füllen.

Vanillerum

Für 1 Flasche à 500 ml
Zubereitung: 5 Minuten

1 Vanilleschote
1 Flasche (0,5 l) milder Rum

Vanilleschote der Länge nach anritzen, in eine leere Flasche schieben und mit einem vorzugsweise milden Rum aufgießen und verkorken.

Je länger man ihn jetzt nicht anrührt, je mehr Zeit hat die Vanille, ihr Aroma zu entfalten und dem Rum ihre betörend-karibische Duftigkeit einzuhauchen. Zwei Wochen sollten es allerdings mindestens sein.

Die Vanilleschote lässt sich hinterher noch verwenden, zum Beispiel zur Zubereitung von Vanillezucker (siehe oben). Der Vanillerum würzt Christstollen und Hefezöpfe, Desserts und Saucen.

Blitzschnell gemacht und doch persönlich – ein kulinarisches Last-Minute-Geschenk.

Fenchel-Limetten-Salz

Für 1 Glas à 100 ml
Zubereitung: 10 Minuten

100 g grobes Meersalz,
    vorzugsweise Fleur de sel
2 EL Fenchelsamen
Schale zweier ungespritzter
    Limetten

Fenchel leicht in der Pfanne anrösten und im Mörser zerreiben.

Von den Limetten die Zeste in eine Schüssel mit dem restlichen Salz reiben, gemörserten Fenchelsamen hinzufügen und gut durchmischen.

In verschließbare Gläser füllen und die Aromen vor der Verwendung mindestens 24 Stunden durchziehen lassen. Das Würzsalz ist mehrere Monate haltbar.

Der feine Anisgeschmack von Fenchelsamen passt gut zu Fisch, Schweinefleisch und Gemüse wie Zucchini, frischem Fenchel und Tomaten.

Ein herrliches Grillsalz.

Rosmarin-Zitronen-Salz

Für 1 Glas à 100 ml
Zubereitung: 20 Minuten

1 Zweig frischer Rosmarin
100 g grobes Meersalz,
   vorzugsweise Fleur de sel
Schale einer ungespritzten
   Zitrone

Rosmarin waschen, trocken schütteln, abnadeln, 10 Minuten im leicht geöffneten Backofen (einfach einen Kochlöffel einklemmen) bei 100 °C trocknen lassen. Im Mörser mit einem TL Salz zerreiben.

Von der Zitrone über einer Schüssel mit dem restlichen Salz die dünne gelbe äußere Schale abreiben. Alles zusammen mit dem Rosmarinsalz kräftig durchmischen und in ein dekoratives verschließbares Glas füllen.

Rosmarin-Zitronen-Salz eignet sich besonders zum Würzen von Schwein-, Lamm, Geflügel- und mediterranen Fisch- und Gemüsegerichten. Backofenkartoffeln erst nach dem Backen damit würzen!

Eine wunderbare Mischung, die frisch gemixt ihr volles Aroma entfaltet.

Thailändische Würzpaste

Für 1 Einmachglas à 250 ml
Zubereitung: 15 Minuten

50 g entstielte und entkernte
   frische rote Chilischoten
40 g frischer Knoblauch,
   geschält
8 Kaffir-Limettenblätter, in
   schmale Streifen geschnitten
1 kleine Kaffirlimette, klein
   geschnitten
4 Stängel Zitronengras, trockene
   Enden entfernt und in dünne
   Scheiben geschnitten
60 g frische Galgant-Wurzel
   (ersatzweise Ingwer), geschält
   und klein geschnitten
2 TL Koriander, gemahlen
3 TL Kreuzkümmel, gemahlen
3 EL Paprikapulver, edelsüß
12 g Salz
200 ml neutrales Speiseöl

Alle Zutaten ohne das Öl in der Küchenmaschine fein zerkleinern, dann das Öl hinzufügen und alles weiter zu einer Paste mixen und in ein verschließbares Glas füllen.

Etwas Öl auf die Oberfläche gießen und verschließen. Kühl aufbewahren.

Traditionell wird diese scharfe Würzpaste in Ragouts und Saucen auf der Basis von Kokosmilch eingerührt, wartet aber förmlich darauf, dass sie neuen kreativen Verwendungen zugeführt wird.

Die Kakao-Chili-Gewürzmischung ist eine mexikanische Spezialität und überrascht durch die Kombination von Kakao und Schärfe.

Kakao-Mole

Für ein Behältnis à 125 ml
Zubereitung: 10 Minuten

½ getrocknete Tomaten
5 g getrocknete Chilis
5 g Anissamen
5 g brauner Zucker
5 g Gewürznelken
20 g reiner gemahlener Kakao
10 g gemahlener Zimt
10 g gemahlene Mandeln

Die getrocknete Tomate in kleine Würfel schneiden.

Chilischoten, Anissamen, Zucker und Nelken mit den Tomaten zusammen im Mörser fein zerreiben oder in der Küchenmaschine fein zerkleinern.

Mit Kakao, Zimt und Mandeln gleichmäßig vermischen. Möglichst trocken, licht- und luftdicht aufbewahren, zum Beispiel in Dosen oder getönten Apothekergläsern, die man mit selbst gestalteten Schmucketiketten verzieren kann.

Die Mole-Gewürzmischung ist sehr scharf und wird in ihrem Ursprungsland Mexiko am häufigsten bei Schmorgerichten mit Geflügel oder Fleisch verwendet.

In mediterranen Ländern sind Salzzitronen unentbehrliche Würze für viele Gerichte.

Salzzitronen

1 Glas à 250–300 ml
Zubereitung: 10 Minuten
Reifezeit: 4–6 Wochen

1 kleine, dünnschalige
   ungespritzte Zitrone
2 Zitronen für den Saft
60 g Fleur de sel oder grobes
   weißes Meersalz
2 kleine Zweige Rosmarin
5 Pimentkörner
5 schwarze Pfefferkörner

Ungespritzte Zitrone und Rosmarinzweige kurz mit kochendem Wasser überbrühen. Die Zitrone kreuzförmig tief einschneiden, in ein passendes Weckglas setzen, mit einer Hand etwas öffnen und mit dem Salz und den Gewürzen bestreuen.

Saftzitronen auspressen. Zitronen mit dem ausgepressten Zitronensaft begießen, bis sie knapp bedeckt sind. Glas verschließen und an einem kühlen, dunklen Ort mindestens 4-6 Wochen ziehen lassen. Die Salzzitronen sind mindestens 6 Monate haltbar.

Salzzitronen eignen sich ausgezeichnet zum Aromatisieren von Fischgerichten, gekochtem Fleisch, Geflügel und Salatsaucen, sowie als ergänzender Bestandteil von Gewürzmischungen, wie zum Beispiel Harissa.

Verführerisches zum Naschen

Warum nicht anstelle von Blumen eine kleine süße Freude schenken?
Nicht nur das Auge, auch der Gaumen lässt sich gerne verführen und
dies ganz besonders, wenn das Naschwerk mit Liebe, Freude und
Sorgfalt von eigener Hand hergestellt und phantasievoll verpackt
wurde. Ein kleines, ganz persönliches Geschenk im besten Sinne. Sie
können dann immer noch ein Blümchen dazulegen … Viel Freude bei
der Zubereitung und beim Schenken!

Zum Anbeißen süß: die türkische
Spezialität heißt Lokum oder Lukum
und wird mit Rosen-, Minze- und
Orangenblütenwasser verfeinert.

Lokum

Für ca. 30–36 Stück
Zubereitung: 30 Minuten +
2 Tage Ruhezeit

300 g Zucker
1 TL Zitronensaft
50 g Speisestärke
80 g gemahlene Mandeln
1 TL Rosenwasser
1 TL Orangenblütenwasser
1 TL Minzewasser (oder
    Kardamomessenz)
Je 3 Tropfen rote, gelbe und
    grüne Lebensmittelfarbe
200 g Puderzucker

Zucker mit 250 ml Wasser und Zitronensaft 10
Minuten in einem Edelstahltopf kochen. Den Topf
mit dem Sirup vom Herd nehmen, Speisestärke und
Mandeln mit weiteren 50 ml Wasser vermischen und
in den Sirup rühren.

Bei mittlerer Hitze unter ständigem Rühren kochen,
bis die Mischung zu einem dicken Batzen abgebun-
den hat. Die Masse in drei Teile teilen. In einen Teil
die rote Lebensmittelfarbe und Rosenwasser ein-
arbeiten, in den zweiten Teil gelbe Lebensmittelfarbe
und Orangenblütenwasser und in den dritten Teil
grüne Lebensmittelfarbe und Minzewasser oder
Kardamomessenz, bis die Massen jeweils eine
gleichmäßige Farbe haben.

Daumendick in eine mit Speisestärke bestäubte
flache Auflaufform streichen, 48 Stunden ruhen
lassen. In mundgerechte Stücke schneiden, die
Speisestärke etwas abschütteln und in Puderzucker
wenden.

Rosen-, Orangenblüten- und Minzewasser gibt es
im Reformhaus, in türkischen und arabischen Läden
sowie zum Teil auch in Asia-Lebensmittelgeschäften.

Genau das richtige Mitbringsel
zu Teatime oder Kaffeetafel.

Mokkatarte

Für 1 Springform von 22 cm
Durchmesser
Zubereitung: 30 Minuten + 70
Minuten Kühl- und Backzeit

Mürbeteig:
120 g Butter
40 g Puderzucker
40 g gemahlene Mandeln
140 g Mehl

Belag:
250 g Puderzucker
3 TL Nescafé (oder anderer
    löslicher Kaffee)
4 Eiklar

Für den Teig alle Zutaten gleichmäßig miteinander
vermischen, kurz verkneten, zu einer Kugel formen
und in Frischhaltefolie verpackt 30 Minuten im
Kühlschrank ruhen lassen.

Backofen auf 200 °C vorheizen. Teig auswellen und
den Boden der Springform damit auskleiden. Mit
einer Gabel den Teig mehrmals gleichmäßig über
die ganze Fläche verteilt einstechen. Im Backofen
20 Minuten vorbacken.

Für den Belag 3 Eiklar möglichst mit dem Scheiben-
ansatz des Zauberstabes zu einem dichten, nicht
voluminösen Schnee schlagen. Puderzucker mit
Nescafé und dem restlichen Eiklar locker vermischen
(nicht zu einer gleichmäßigen Paste verrühren), den
Eischnee vorsichtig unterheben und die Masse auf
dem Teig verteilen.

Für 20 Minuten bei 200 °C im vorgeheizten Backofen
backen.

Im Herbst haben Quitten Saison. Die fast
vergessene Frucht eignet sich auch zum
Kochen von Marmelade, Gelee und zum
Herstellen von Sirup oder Saft.

Quittenkonfekt mit Kurkuma

Für ca. 50 Stück
Zubereitung: 35 Minuten +
50 Minuten Koch- und 2 Tage
Kühl- und Trockenzeit

1 kg Quitten
700 g Einmachzucker
  (= grobe Körnung)
1 TL gemahlener Kurkuma
1 TL geschmacksneutrales
  Pflanzenöl

Einmachzucker zum Wälzen
Pistazien zum Dekorieren

Von den Quitten den Pelz abreiben, Blüten- und
Stielansatz entfernen, waschen, grob in Stücke
zerteilen und in einen Topf geben. Wasser hinzufügen, bis die Quitten gerade damit bedeckt sind.
Kochen bis die Quitten weich sind (etwa 20 Minuten).

Quitten erst auf einem Sieb abtropfen lassen, dann
mit der "Flotten Lotte" oder mit Hilfe eines Spatels
durch ein Sieb passieren und abwiegen. Das Quitten-
mark mit der gleichen Menge Zucker vermischen
und unter ständigem Rühren einkochen, bis die
Masse dick und pampig ist. Das dauert etwa 30
Minuten.

Ein Blech oder eine flache Auflaufform mit Backpapier auslegen. Backpapier leicht ölen und die
Masse darauf 1,5 cm dick ausstreichen. Möglichst
1–2 Tage abtrocknen lassen.

Masse in mundgerechte Rauten schneiden, .

Verwenden Sie zum Eindicken des Quittenmarks
einfach einen großen tiefen Topf und rühren Sie mit
einem sehr langen Kochlöffel, da das dicke Mus beim
Einkochen zuweilen eruptionsartig spritzen kann.

Ein Stück vom Glück und noch eins und noch eins... Wer kann schon Schokolade widerstehen?

Schokoladentrüffel mit Kaffeenote

Für 35-40 Trüffel
Zubereitung: in Etappen
ca. 60 Minuten + Kühlzeit

Grundmasse:
250 g dunkle Kuvertüre
1 TL schnell löslicher Kaffee
100 ml Sahne
125 g Süßrahmbutter

Speisestärke

Überzug:
250 g dunkle Kuvertüre
100 g reines Kakaopulver

Kuvertüre zerkleinern und in einer Schüssel im warmen Wasserbad schmelzen.

Sahne erwärmen und das Kaffeegranulat darin auflösen. Sahne mit dem Schneebesen langsam nach und nach in die Schokolade einrühren. Butter schaumig schlagen, unterziehen, Masse im Kühlschrank etwas abkühlen lassen.

In einen Spritzbeutel mit 2 cm großer Lochtülle füllen und auf ein mit Speisestärke bestäubtes Blech (sollte in den Kühlschrank passen) mundgerechte Tupfen spritzen. In den Kühlschank stellen und mindestens 2 Stunden durchkühlen lassen.

Hände mit Speisestärke bestäuben und mit der Handinnenfläche die Tupfen zu Kugeln drehen. Für den Überzug die Kuvertüre zerkleinern und in einer Schüssel im warmen Wasserbad schmelzen lassen. Die Kugeln nacheinander mit einer Gabel eintauchen, Schokolade etwas ablaufen lassen und in dem gesiebten Kakaopulver wenden und wieder kalt stellen.

Die Trüffel müssen kühl und trocken aufbewahrt werden und halten sich etwa 2 Wochen.

Zum genussvollen Verzehr wird die weiße Schokolade einfach in einer Tasse warmer aufgeschäumter Milch geschmolzen.

Weiße Mate-Schokolade am Stiel

Für 4 Stück
Zubereitung: 10 Minuten +
Abkühlzeit

4 TL Matetee
50 ml Sahne
200 g weiße Schokolade

Glattes Backpapier oder
   Schutzhüllenfolie
Klebeband

Aus dem Backpapier 4 an der Spitze möglichst geschlossene kegelförmige Tüten drehen, seitlich mit Klebeband fixieren und zum aufrechten Halt in passende Gläser stellen.

Schokolade fein zerkleinern und im lauwarmen Wasserbad schmelzen.

1 TL Matetee im Mörser zerreiben. Sahne aufkochen, den Matetee hinzufügen und fünf Minuten ziehen lassen. Sahne durch ein feines Sieb abgießen. Dabei den Matetee gut ausdrücken.

Die handwarme Mate-Sahne mit der geschmolzenen Schokolade verrühren und die Schoko-Mate-Masse auf die vier Tüten verteilen. Mittig Holzspieße aufrecht hineinstecken. Nach dem völligen Erkalten aus der Form lösen.

Zum Verschenken in transparente Blumenfolie verpacken. Diese Trinkschokolade wirkt sehr anregend. Es ist auch erlaubt, von der weichen Schokolade zu naschen, bevor sie vollkommen abgeschmolzen ist.

Einfacher geht's nicht. Achten Sie nur darauf, dass die Nüsse nicht ranzig sind.

Walnusskerne in Honig

Für 1 Glas à 250 ml
Zubereitung: 15 Minuten

150 g Walnusskerne
100 g klarer Waldhonig

Walnusskerne 10 Minuten bei 150 °C im Backofen rösten, in sterilisierte Gläser füllen und mit dem Honig begießen. Gläser etwas rütteln, damit eingeschlossene Luftblasen schneller entweichen können.

Bevor das Glas mit einem zuvor sterilisierten und abgetrockneten Deckel verschlossen wird, darauf achten, dass alle Nüsse vom Honig bedeckt sind.

Die Honig-Nüsse sind eine schnelle und äußerst leckere Methode zum Verfeinern von Joghurt, Müsli, Quarkspeisen, Crêpes, Waffeln oder Eiscreme.

Diese sahnigen Bonbons sind eine
Spezialität aus der Bretagne.

Sahne-Karamellen mit Meersalzkick

Für ca. 30 Bonbons
Zubereitung: 20 Minuten +
Abkühlzeit

200 ml Sahne
1 TL Fleur de sel
250 g Zucker
60 g frische Süssrahmbutter

Sahne und Zucker in einem hohen Topf unter ständigem Rühren zum Kochen bringen und solange kochen lassen, bis die Masse einen hell karamellfarbigen Ton angenommen hat.

Den Topf vom Herd ziehen, die kalte Butter einrühren, eine Prise Fleur de sel unterrühren und 2 cm hoch auf ein mit Aluminiumfolie ausgelegtes rechteckiges Backblech oder eine flache rechteckige Auflaufform gießen. Wenn die Oberfläche gerade beginnt anzuziehen, so sparsam das Fleur de sel darauf verteilen, dass später jedes Bonbon nur einige wenige Meersalzkristalle erhält.

Weiter auskühlen lassen, bis die Masse sich lauwarm anfühlt. Das Butterkaramell auf ein Brett stürzen, die Alufolie abziehen und mit einem geölten Messer in mundgerechte Stücke schneiden. Luftdicht verpackt hält sich Karamell 2-3 Wochen.

Süßes zieht immer, erst recht, wenn Sie die Bonbons selbst zubereiten. Zum Verschenken einzeln in Cellophan verpacken.

Eingeweckte Früchte de luxe mit
weihnachtlich-würziger Note!

Rosé-Birnen

Für 2 Gläser à 250 ml
Zubereitung: 20 Minuten

6 kleine Birnen
250 ml trockener Roséwein
200 g Zucker
2 Gewürznelken
1 Zimtstange
4 Pimentkörner
Saft und Schale einer
   unbehandelten Zitrone
½ TL Rosenwasser

Roséwein mit dem Zucker, den Gewürzen und
der abgeriebenen Zitronenschale aufkochen und
5 Minuten köcheln lassen.

Die Birnen schälen und in den Sirup einlegen.
5 Minuten darin leise köcheln.

Zitronensaft und Rosenwasser hinzufügen, in
sterilisierte Gläser abfüllen und verschließen.

Rosé-Birnen passen vorzüglich zu leicht säuerlichem
Joghurteis. Aber auch der Sirup ist mit etwas
Mineralwasser verdünnt und eiskalt serviert eine
erfrischende Alternative zu den trendig-biologischen
Limonaden.

Der Sommer im Glas! Lavendelblüten machen die reifen Früchte zum köstlichen Kompott.

Pfirsich in Lavendelsirup

Für 3 Weckgläser à 250 ml
Zubereitung: 20 Minuten

6 Wild-Pfirsiche, Haut
   abgezogen, halbiert und
   entsteint
300 g Zucker
100 ml Weißwein
2 TL Lavendelblüten

Zucker mit 200 ml Wasser, dem Weißwein und den Lavendelblüten aufkochen und 7 Minuten köcheln lassen.

Die Pfirsichstücke hinzufügen, 3 Minuten weiter köcheln lassen, in kurz vorher sterilisierte Weckgläser füllen und mit sterilisierten Deckeln verschließen.

Mindestens 1 Tag durchziehen lassen. Kühl und dunkel gelagert sind die eingeweckten Pfirsiche etwa 6 Monate haltbar.

Lavendel ist sehr intensiv und sollte beim Kochen sparsam dosiert werden, damit die Früchte nur ein zartes Aroma erhalten. Lavendelpfirsiche passen zu Eis und Panna Cotta, aber auch als Beilage zu Entenbrust.

Mit den weißen Mandel-Kokos-Pralinen
können Sie nur ins Schwarze treffen.

Weiße Mandel-Kokos-Pralinen

Für ca. 24 Pralinen
Zubereitung: 45 Minuten +
Kühlzeit

300 g weiße Schokolade
60 ml Kokosnussmilch
5 ml Baileys (irischer Whiskey-
    Sahne-Likör)
75 g gehobelte Mandeln

200 g weiße Schokolade klein schneiden und in einer
Schüssel im lauwarmen Wasserbad schmelzen.
Kokosmilch mit Baileys etwas erwärmen und mit der
Schokolade zu einer glatten Masse verrühren. Kalt
stellen.

Mandelblättchen in einer Pfanne goldbraun rösten.

Mit zwei Teelöffeln von der Schokolade kleine
mundgerechte Häufchen abstechen und wieder kalt
stellen.

100 g weiße Schokolade klein schneiden und in einer
Schüssel im lauwarmen Wasserbad schmelzen.

Hände mit etwas Speisestärke bepudern, die
Häufchen mit den Handinnenflächen schnell in eine
ovale Form schleifen, auf Pergamentpapier legen und
wieder kalt stellen.

Anschließend zuerst in der weißen Schokolade, dann
in den Mandelblättchen wälzen und wieder kalt
stellen, bis die Schokolade fest geworden ist.

Besonders intensiv ist das Aroma, weil sowohl Saft als auch Schale der Zitrusfrüchte verwendet werden.

Lemon Curd

Für 2 Gläser à 300 ml
Zubereitung: 20 Minuten

500 g Zucker
4 Eier
120 g Butter
Saft und Schale von 4 Zitronen

Von den Zitronen die äußere gelbe Schale abreiben. Die Zitronen halbieren, den Saft auspressen und durch ein Sieb passieren.

Die Eier einen Topf aufschlagen und verquirlen. Nun alle anderen Zutaten hinzufügen und unter ständigem Rühren erhitzen, bis die Masse anzudicken beginnt. Den Topf vom Herd nehmen und die Creme noch etwas weiterrühren.

In sterilisierte Gläser füllen und verschließen. Nach dem Öffnen der Gläser sollte der Lemon Curd im Kühlschank aufbewahrt werden und innerhalb von 2-3 Wochen verzehrt werden.

Zitronencreme gehört wie auch Orangenmarmelade zu den traditionellen britischen Brotaufstrichen. Lemon Curd schmeckt nicht nur zum Frühstück auf Toast, sondern kann auch für Gebäck verwendet werden, auf Mürbeteig, unter einer Baiserhaube, als Füllung für Torten und Muffins.

Knusperspaß: Wir lassen es mal richtig krachen!

Krokantmandeln

Zubereitung: 25 Minuten

250 g Zucker
300 g geschälte Mandeln
2 El geschmacksneutrales
   Pflanzenöl

Den Zucker in einer Pfanne mit 50 ml Wasser schmelzen. Sobald er flüssig geworden ist, die Mandeln hinzufügen. Sie sollen vom Zucker umschlossen sein und darin kochen.

Wenn der Zucker goldbraun karamellisiert, alles sofort auf ein geöltes Backblech, besser auf eine kühle geölte Marmorplatte kippen und flach verteilen, dabei die Mandeln möglichst vereinzeln.

Abkühlen lassen, in Stücke brechen und dekorativ verpacken.

Sollten Sie nur ungeschälte Mandeln bekommen, diese kurz mit kochendem Wasser überbrühen und in kaltem Wasser auskühlen lassen. Dann lässt sich die Haut ganz leicht abziehen.

Die selbstgemachte Creme aus den essbaren Kastanien braucht etwas Zeit.

Maronencreme

Für ca. 450 g = 1 Einmachglas
à 250 ml
Zubereitung: 90 Minuten

350 g Esskastanien (geschält
   sollten es 250 g Fruchtfleisch
   ergeben)
100 g brauner Zucker
½ Vanillestange

Esskastanien schälen (dafür die Schale an der runden Seite kreuzförmig einritzen und zunächst im 250 °C heißen Backofen aufspringen lassen und dann schälen). Maronen 15 Minuten in Wasser kochen, abgießen und in eine Schüssel mit kaltem Wasser geben. Die innere braune Haut lässt sich nun leicht entfernen. Das Fruchtfleisch der Kastanien klein hacken oder in der Küchenmaschine zerkleinern.

Zucker mit der halben aufgeschlitzten Vanilleschote und 250 ml Wasser aufkochen und 5 Minuten köcheln lassen. Vanilleschote herausnehmen, auskratzen und das Mark in den Sirup zurückgeben.

Die zerkleinerten Kastanien hinzufügen und weitere 5 Minuten bei kleiner Hitze köcheln lassen. Dann alles mit dem Zauberstab oder in der Küchenmaschine pürieren und noch einmal aufkochen. In vorher inklusive Deckel sterilisierte Einmachgläser füllen und luftdicht verschließen.

Die Maronencreme lässt sich pur als süßer Aufstrich, als Basis für Cremes, Mousses, Soufflées verwenden – sowie als Bestandteil von Füllungen oder als raffinierte Zutat zu Wild- oder Wildgeflügelsaucen.

Saisonkalender

Einige der Grundzutaten wie Rhabarber, Holunderblüten, junge grüne Walnüsse, Holunderbeeren, Wild- oder Plattpfirsiche, Esskastanien, Hagebutten und Quitten haben nur eine kurze Saison. Man kann viele dieser Zutaten draußen in der Natur praktisch umsonst selbst ernten, was das ganzheitliche Engagement noch vertieft, für körperliche Bewegung an frischer Luft sorgt und eine schöne erfüllende gemeinsame Aktion besonders auch mit Kindern werden kann. Davon abgesehen: das Angebot hinsichtlich Vielfalt und Qualität beispielsweise von Apfel- und Birnensorten oder Freilandtomaten ist während ihrer heimischen Erntezeiten deutlich besser und günstiger.

Hier ein kleiner Kalender für die Erntezeiten:

Mitte April – Ende Juni	Rhabarber
Mai-Mitte Juni	Holunderblüten
Ende Juni – Mitte Juli	junge grüne Walnüsse
Juni-September	grüne Tomaten, Tomaten
Juli-Mitte September	Himbeeren
August	Pfirsiche
September	Holunderbeeren
Mitte – Ende September	Esskastanien, Hagebutten
September-Oktober	Äpfel, Birnen
Oktober	Quitten

Gläser sterilisieren

Das Ziel des Sterilisierens ist es, die Behältnisse möglichst frei von Mikroorganismen zu machen, um so Fäulnis- und anderen Zersetzungsprozessen so gut als möglich vorzubeugen.

Dies gelingt weitestgehend durch Erhitzen.

Für den Hausgebrauch haben sich die beiden folgenden Methoden bewährt:
- Zuvor gut gesäuberte Einmachgläser und deren Verschlüsse bei 180 °C für 20 Minuten in den Backofen stellen.
- Gläser in einem Topf mit kochendem Wasser 5 Minuten kochen und kurz vor der Verwendung herausnehmen.

Haltbarkeit von »Eingemachtem«

Die Haltbarkeit von „Eingemachtem" ist von verschiedenen Faktoren abhängig:

Der Qualität der verwendeten Produkte:
– Nur einwandfreie gewaschene Ware ohne Fäulnisstellen verwenden.

Der Hygiene und Sorgfalt bei der Verarbeitung:
– Nur gut gesäuberte unbeschädigte Behältnisse verwenden.
– Nur vorher sterilisierte Gläser und Flaschen verwenden.
– Einmachgut möglichst kochend heiß einfüllen
– Auf den Rand getropftes Einfüllgut mit einem sauberen Tuch abwischen.
– Schnell gut verschließen und das Glas danach wenigstens 5 Minuten auf den Kopf stellen.

Der Lagerung:
– Ungeöffnete Gläser sollten möglichst dunkel, kühl und trocken gelagert werden.
– Nach dem Öffnen empfiehlt es sich, das Glas im Kühlschrank aufzubewahren.

Verzeichnis nach Zutaten

Über den Autor

Stephan Krauth ist ausgebildeter Koch, Diplom-Ayurveda-Therapeut, Foodstylist und Rezeptautor. Nach Lehr- und Wanderjahren in der Sternegastronomie und Reportagereisen in Sachen Gewürze arbeitet er seit vielen Jahren für Kochbuch-Verlage, Filmproduktionen und Werbung. Seine Leidenschaften sind Gewürze und klassische Musik. www.foodstyling-krauth.de